AF509230

BALLET

de la

PAIX,

Dansé par

Le Prince d'Orange.

A la Haye, au Mois de Fevrier 1668.

A LA HAYE,
Chez Hillebrandt van Wouw , Imprimeur Ordinaire de Son
Alteſſe Monſeigneur le Prince d'Orange.
l'An 1668.

ARGUMENT
ou Sujet du Ballet.

LE Prince d'Orange pour donner des marques agreables de la part qu'il prend a la satisfaction publique, & qu'il preferera tousjours à toutes choses, n'ayant pû remettre à un temps plus commode les tesmoignages qu'il en a voulu rendre, a par son exemple excité la jeune Noblesse de seconder ses bonnes intentions, & de donner à son Pays en l'imitant quelques preuves de leurs inclinations & de leur zele, en attendant que dans des rencontres plus importantes Son Altesse & Eux puissent montrer par des services advantageux à la Patrie, que rien ne leur tient tant à cœur que les occasions de travailler à sa gloire.

Les violons par un agreable concert feront l'ouverture du Theatre, pour donner temps a Bellonne d'y paroistre, où excitant la Discorde pour brouïller l'Angleterre & la Hollande, elle fera voir pourtant que ses intentions ne sont pas trop injustes ny trop violentes : aussi le desordre sera t'il bien tost appaisé par l'arrivée du Prince qui sous l'habit de Mercure les vient accommoder, apres quoy la PAIX se fera voir qui doit chanter un recit, & puis se retirant fera place a la Renommée, a qui succederont les divertissements & les plaisirs.

A

PRE-

I. ENTRE'E.

Monsieur de Matenesse

Representant **BELLONNE.**

SI j'excite le trouble entre deux Nations
Dont l'Univers entier semble souffrir la peine,
Aucun ressentiment de fureur ny de hayne
N'agit dans mes intentions :
A mon égard nulle rancune
N'en veut à la tranquilité ;
Rien de facheux ne m'importune,
Et satisfait de ma fortune
Je souhaite au Public toute felicité.
Aussi dans ce projet suis-je assez équitablé ;
Je ne veux que montrer au reste des humains,
Qu'Une des deux n'est pas si redoutable,
Que de bon cœur l'Autre n'en vienne aux mains ;
Ainsi dans ce dernier divorce,
De son fier Ennemy recognoissant la force,
L'Une & l'Autre a la fin pour se débarasser,
Pourront souffrir sans violence
Que l'interest commun reprenne la balance
Et les oblige à s'embrasser.

I I.   ENTRE'E.

Le Sieur du Ha

Representant la **DISCORDE.**

QUe cet ordre me plaist, que j'y cours avec joye,
Que bien tost on verra de furieux fracas ;

Allons

Allons allons, ou Bellonne m'employe,
Et fufcitons par tout de nouveaux embaras :
Affez long temps par la P A I X defarmée
Je me voyois humiliée,
On n'avoit plus pour moy ny crainte ny terreurs ;
Mais à la fin l'heure eft venuë
Que l'Ennemie à fon tour abbatue
Se va foumettre a mes fureurs.

I I I.   E N T R E'E.

Pour de Meffieurs de la Lec, &

Valckenbourg *Reprefentans*

l'A N G L E T E R R E & la H O L L A N D E.

QU'il eft beau de vous voir dans cette intelligence,
Ne vous en départez jamais ;
Quand vous ferez Unis, vous tiendrez la balance,
Et maintiendrez par tout le repos & la paix :
Gardez vous bien de cette jaloufie
Qui fe coulant dans les plus grands Eftats,
En trouble toute l'harmonie,
Et fufcite bien toft de fafcheux embaras ;
On en veut à voftre concorde,
Et l'on prevoit que la Difcorde
Dans peu s'en va vous feparer ;
En fin fi vous rentrez en guerre,
Pour peu qu'elle puiffe durer
Elle fera fouffrir toute la Terre.

I I I I. E N T R E'E.

Le Sieur du Ha

Representant la D I S C O R D E,

E T

Monſieur d'Ouerkercke & le Sieur Hoctin,
2. F U R I E S.

La Diſcorde.

Cheres compagnes de mon ſort,
Quelle doit eſtre noſtre gloire
d'Avoir ainſi rompu ce bel accord,
Et ſur noſtre Ennemie emporté la victoire :
Qu'Elle ſe vante deſormais
Cette jalouſe & vaine P A I X
De m'avoir un temps deſarmée ;
Nous l'abbattons a noſtre tour
Et la verrons de ſorte humiliée
Qu'a peine pourra t'on l'en relever un jour.

Les Furies.

Source de deſordre & de trouble
Propice à nos deſirs ardans
Allons par tout, ne perdons point de temps,
A voſtre ſeul aſpect noſtre fierté redouble :
Courons, brouillons tout l'Univers,
Excitons bruſquement de furieux orages,
De carnage & d'horreurs voyons rougir les mers ;
Faiſons en fin mille ravages
Devant qu'on nous remette aux fers.

Pour

Pour Monsieur d'Ouerkercke

Furie.

AUX DAMES.

Regardez bien cette Furie
Elle n'eſt pas tousjours de ſi méchante humeur,
Dans tout le reſte de ſa vie
Vous y verriez plus de douceur:
Auſſi n'eſt Elle rude & fiere
Que dans le temps où la matiere
L'engage à ſe mettre en courroux;
Et ſi vous la pouviez cognoiſtre toute entiere
Vous pouriez bien la mettre aupres de vous.

V. ENTRE'E.

Pour Meſſieurs de Voorſchoten, Ruven, Steeland, & Lier, *repreſentans* 2 ANGLOIS & 2 HOLLANDOIS *brouillez &* *prets a combattre.*

EN fin vous voila diviſez,
Vous n'avez ſceu vous en deffendre,
Et vous eſtes laiſſé ſurprendre
Comme féroyent les moins ſenſez:
Que produiront ces frequentes batailles
Qui vous déchirent les entrailles?
Que de vous conſommer en efforts ſuperflus;
Vous, qui pouviez peſer les interets des autres,
Vous trouverrez un peu confus,
Lors qu'il faudra leur remettre les voſtres.

VI. EN-

VI. ENTRE'E.

Le Prince d'Orange

Representant

M E R C V R E.

COntre mes inclinations
Qui me feroyent aymer la Guerre ;
Pour le bien de toute la Terre
Je vien la terminer entre ces Nations :
Le sujet qui m'y porte est assez legitime,
Et je croirois commettre un crime
Si quelques autres interets
Poussez par l'ardeur qui m'anime
Me donnoyent du chagrin pour cette heureuse P A I X.
Un autre temps viendra que de justes allarmes,
Pourront ailleurs tourner nos armes
Et que mes justes vœux se verront écoutez ;
Si la Fortune alors en me r'ouvrant la lice
Peut me faire justice
Et me montrer quelques bontez ;
On verra ma valleur dans ce digne exercice
Suivre par tout celle de mes Ayeux,
Et faire encore pour ces Lieux
Par quelque illustre & grand service,
S'il se pouvoit, quelque chose de mieux.

VII. ENTRE'E.
La PAIX.

Representée par le Sieur Lauron *, qui chante le recit.*

* *
*

IE suis ce grand secours dont les ressors puissans
Sçavent rendre le calme aux plus rudes orages,
Remettre la douceur dans les plus fiers courages,
Et la vigueur dans les plus languissans :
Quand il me plaist je fay taire l'Envie,
Je rend justice aux Innocens,
Et des plus grands perils je dégage la vie.

* *
*

A mon premier abord renaissent les plaisirs,
Les festes & les jeux réveillent tous leurs charmes ;
Et le bruit importun ny la terreur des armes
Ne troublent plus les aymables soupirs :
l'Heureux Berger aux pieds de sa Bergere
En seureté suit ses desirs,
Et luy fait de son mal une plainte legere.

* *
*

Le plus Chagrin sousrit à mon heureux retour,
Où regnoit la Fureur je fay regner les Graces,
Et quelque part ou j'aille on voit dessus mes traces
Tous les plaisirs dont se vante l'Amour :
Paroissez donc doux plaisirs à ma suitte,
Vous regnerez à vostre tour ;
Ne redoutez plus rien j'ay mis BELLONE en suitte.

HUI-

VIII. ENTRE'E.

Pour Monsieur d'Obdam,

Representant La RENOMME'E.

Allez Illuſtre Vagabonde,
Allez porter aux plus lointains climats
l'Heureuſe fin de tant d'aſpres combats
Où s'intereſſe tout le monde :
Auſſi ne pouvoit on ſouffrir
Ce grand deſordre en la Nature ;
Il à falu la ſecourir,
Et la tirer en fin d'une peine ſi dure :
Chacun ſentoit les maux que cette guerre à faits,
De concert en tous lieux ou rapelloit la PAIX ;
Pour vous meſme aſſez tard Elle s'eſt declarée,
On ſçait ce que vous coute un de ces grands Exploits ;
Mais, où la gloire eſt aſſeurée,
Sans murmure on ſubit les plus fatales loix.

IX. ENTRE'E.

Pour Monsieur de Gent le Fils,

Repreſentant APOLLON CHASSEVR.

Monsieur de Zuyleſteyn le Fils, &

le Jeune du Ha, *Repreſentans*

2. NYMPHES.

Apollon.

Nymphes je revien parmy vous
Prendre ma part a vos doux exercices,

Et

Et chercher icy des delices
Dont nous verrons les autres Dieux jaloux:
Que tout le Ciel & la Terre en murmure,
Pour le plaifir de vous revoir
Je me dérobe a la Nature,
Et fans regret je trahy mon devoir;
Prenons donc à fouhait les plaifirs de la vie
Où la PAIX vous convie;
Et nous coulons par fois en des lieux écartez
Où loin du monde & de l Envie
Nous gouftions de l'Amour les douces libertez;
Et là je n'auray de clartez
Que ce qu'il en faut pour vous luire
Dans ces obfcuritez,
Et pour ayder a vous conduire.

Les Nymphes.

O Dieux que noftre fort eft doux
De revoir icy parmy nous
Le plus aymable objet dont l'Olympe fe vante;
Allons retirons nous en ces lieux reculez,
Qui de nous n'en feroit contente?
Nous voulons bien tout ce que vous voulez:
Mais apres tout fi quelque jaloufie
Venoit troubler la fantaifie
d'Un pauvre Cœur bleffé de vos brillants attraits,
Quelle feroit noftre mifere?
Et que pourrions nous faire
Pour y remettre un jour le repos & la paix.

Apollon replique.

Nymphes fortez d'inquiëtude,
Je ne fouffriray pas qu'une peine fi rude

B

Vienne

Vienne jamais vous divifer,
Vos douceurs fe verront parfaites;
Et pour vous rendre fatisfaites
J'auray tousjours affez dequoy vous appaifer.

X. ENTRE'E.

Monfieur de Languevelt ,
Reprefentant NEPTVNE.

Monfieur de Ruven, & les Sieurs du Pont, Riquet, & la Foffe, TRITONS.

Neptune.

LE Calme en fin regne deffus les Ondes,
On s'y promene en liberté
Et nous pouvons en toute feureté
Sortis de nos grottes profondes :
Nous revoyons des-ja les paifibles Nochers
Voguer de toutes parts fans efcorte & fans armes,
Et hors les bancs & les rochers
Rien ne leur donne plus d'allarmes;
Ainfi toutes les Nations
Franches de mille inquietudes
Reprennent feurement leurs vieilles habitudes
Et d'un commerce heureux les douces paffions;
Pour dire tout, la fin de cette guerre
Va réjouïr le Ciel l'Onde & la Terre.

Les Tritons.

Grand Monarque des Mers, de qui le vaste Empire
Ne peut des yeux humains estre bien découvert ;
Ce desordre importun qui sous la P A I X expire,
Comment fut-il par vous impunement souffert ?
        Contre ces Flottes indiscrettes
Qui nous troubloyent souvent jusque dans nos retraittes,
Que n'armiez vous d'abord tous nos Monstres marins ;
L'horreur de tant d'Objets impreveus & terribles
        Malgré leur haynes invincibles
Les eust bien empesché d'en revenir aux mains.

Pour Monsieur de Ruven.

      Voyez vous ce gentil Triton,
      C'est un Blondin de consequence ;
Entre tous les Blondins à peine en verroit-on
        De plus grande esperance :
      Aussi sans doute en peu de temps
      Luy verrez vous faire figure,
        Et se mettre en mesure
      Des Employs les plus importans ;
On ne peut faire en fin de trop bons jugemens
        Sur sa bonne advanture.

Meſſieurs de Waſſenaer & de Warfuſé, & les Sieurs du Ha & Hoctin,

Repreſentans

4. PESCHEVRS.

COurage Compagnons, rien plus ne nous empeſche,
Preparons hardiment & barques & filets,
Allons ou nous voudrons nous remettre a la peſche,
En ſeureté par tout nous jetterons nos rets :
      Les Coſtes les plus abondantes
      Pour nous payer de nos attentes
      Nous fouffriront devant leurs bords,
      Loin de nous faire violence
      Nous donneront toute licence
Et verront ſans dépit enlever leurs threſors.

Pour Meſſieurs de Waſſenaer, & de Warfuſé.

AUX DAMES.

      Voyez vous ces hardis Peſcheurs,
    Il eſt aiſé de juger à leur mine
      Qu'ils ſeroyent grands Entrepreneurs
      Dans une peſche un peu plus fine

Si pour vous faire voir quelques traits du métier,
　　Vous les vouliez mettre en besogne
　　Et vous en servir par quartier;
　　Je vous réponds de leur personne ;
　　Sant y manquer ils en feroyent
　　Encore plus qu' ils n'en diroyent.

XII. ENTRE'E.

Monsieur de Lier,

Representant P A N.

E T

Les Sieurs du Pont, & la Fosse,

2, S A T Y R E S.

Pan.

QUel agreable bruit nous vient frapper l' oreille
Et de nos bois profonds perce le voile épais ?
J'entens la Renommée à la voix sans pareille
Qui va semant par tout les Charmes de la P A I X :
　　A cette commune allegresse
　　Ou tout l'Univers s'interesse
　　Prenons la part que nous devons,
Portons en la nouvelle á nos cheres Dryades;
　　Par mille bonds mille gambades
　　Et mille folles incartades
Faites voir les plaisirs que nous en recevons.

Pere commun des Chevre-pieds,
Honneur de l'aymable luxure
A qui nous sommes tous liez
Et par Amour & par Nature :
Pour satisfaire a vos desirs
Nous donnerons mille plaisirs
A nos orgueilleuses Dryades;
Mais si quelqu' une par hasard
Se trouvoit un jour à l'escart
Et donnoit dans nos embuscades,
Nous pourrions bien en pareil cas
Pour nous payer de nos gambades,
Par de nouvelles incartades
Luy faire en fin passer le pas.

XIII. ENTRE'E.

Le Prince d'Orange, &
Monſieur d'Ouerkercke,

Repreſentans

2. BERGERS,

ET

Meſſieurs de Ruven & de Zuyleſteyn
le Fils,

2. BERGESES.

Le PRINCE.

SI je parois icy dans mon apprentiſſage
En menant mon petit troupeau,
C'eſt pour me rendre un jour plus habile & plus ſage,
Si j'en conduis jamais un plus grand & plus beau :
Ces renommez Paſteurs de qui l'on m'a veu naiſtre
Lors qu'ils menoyent leurs brebis paiſtre
Sçavoyent des mieux les deffendre des loups ;
En cas pareil je ſuivrois leur methode
Et porterois les meſmes Coups,
Car en fin ces Coups-là ſont tousjours de la mode
Et n'ont guere eû leurs pareils juſqu'à nous :
Cependant il eſt aſſez doux
De badiner avecque ſa Bergere

Sur

Sur la tendre fougere,
Luy couler finement des douceurs de l'Amour
Quelque atteinte legere,
A cet aymable Employ s'occuper tout le jour,
Par mille petits soins s'asseurer de luy plaire;
Et dessus tout bien mènager
Le temps & l'heure du Berger.

Monsieur d'Ouerkercke.

A tout ce que vous dit ce Gracieux Berger
On ne sçauroit trouver a dire;
Dans ces beaux sentimens rien n'est a corriger,
Sa vertu seule les inspire:
Sur les divers Evenemens
Il sçait regler ses mouvemens,
Il s'est fait sage par avance
Il cognoist ses vrays interets;
Et dans l'aage ou l'on voit manquer les plus discrets
Rien n'embarasse sa prudence.
Aussi me verra t'on tousjours
Sans balancer, suivre le juste cours
Des desseins genereux dont son ame est remplie;
Rien n'a pour moy de si puissans appas
De ses plaisirs je fay tous mes ébats
Et de tous ses désirs les regles de ma vie.

Les Bergeres.

Chere Compagne, & vous Gentils Bergers,
Chantons accordons nos musettes
Et sous nos aymables vergers

Dan-

Dansons par fois aux chansonnettes :
D'autres-fois dans nos prez fleuris
Entre les doux jeux & les ris
Nous dresserons maintes guirlandes,
Chaines, boucquets, jolis attours,
Dont nous ferons d'agreables offrandes
A la Déesse des Amours
Afin de nous aymer tousjours,
Et que jamais la morne Jalousie
Avec tous ses fascheux retours
N'altére les plaisirs d'une si douce vie.

XIIII. ENTRE'E.

Monsieur de la Lec,

Representant un

CHEVALLIER ERRANT.

Puisque la PAIX a fin y nos Combats,
Pour en garder encor quelque legére image,
Je voudrois ramener dans ces heureux Climats
Les Belliqueux Ebats
Où l'on peut remarquer l'addresse & le courage :
Y faire voir aucunes-fois
Belles joustes, gentils tournois,
Entrer en lice pour la Belle
A tous venans tenir pour elle,
Et n'y paroistre pas indigne de son choix.
Ainsi l'on se tient en haleine,
Et s'il arrive un autre temps
Ou BELLONNE à son tour revient couvrir la plaine
De braves Combatans ;

C

Chacun

Chacun pour son devoir montre une forte envie,
Et par des faits plus importans
Fait estimer par tout la gloire de sa vie.

XV. ENTRE'E.

Monsieur d'Obdam & le Sieur Hoctin,

Representans

2. HARLEQVINS.

En attendant nostre Docteur,
Pour divertir la Compagnie,
Et la tenir en bonne humeur
Dansons un peu quelque bouffonnerie :
Les pas les plus extravagans
Seront les plus plaisans ;
On ne vient icy que pour rire,
Faisons donc bien nostre devoir,
Et si l'on jette le mouchoir
Nous aurons tantost dequoy frire.

Monsieur d'Obdam.

Si l'on me voit faire icy le badin
Quand il me plaist je sçay faire le sage,
Qui ne sçauroit qu'un personnage
A mon advis n'en seroit pas plus fin :
Il faut selon les differences
Des temps, des lieux, des occurences,
Tantost faire le Grave & tantost le Plaisant,
Et qui peut s'acquitter de choses si contraires,
Lors qu'il revient dans les Affaires
S'en démesle aussi bien que le plus suffisant.

XVI. EN-

XVI. ENTRE'E.

Le Sieur du Ha,

Representant un

DOCTEVR OU CHARLATAN.

E T

Monſieur d'Obdam, & le Sieur Hoctin,

2. HARLEQVINS.

Le Docteur.

Qu'on ne vous vante plus ces doctes perſonnages
Qui pretendent ſonder les plus profonds ſecrets,
Ce ne ſont la plus-part que de fauſſes Images
Qui gagnent du credit ſouvent à peu de frais :
    Sous quelques ombres d'apparence
    Ils envelopent l'Ignorance,
    Et font paſſer leurs vanitez ;
    Et deſſus tout pour la CHIMIE
    Qui fut tousjours ma chere Amie
Ils ne diront jamais que des abſurditez.
    Mais moy qui cognoy la Nature,
Qui tire les extraits de tous les Mineraux
Qui ſçay les qualitez de tous les Vegetaux
    Je vous ferois une vive peinture
    De toutes ces Productions,
    Et pourrois faire des Miracles ;
Si quelques Incidens, ou de faſcheux obſtacles
Ne m'obligeoyent ſouvent à d'autres fonctions.
    En fin par mes Experiences

J'ay

J'ay mille belles Cognoiſſances,
Mais il ſeroit trop long d'en ſaire le détail ;
Suffit, pour ne vous pas embroüiller la cervelle,
Que par une methode admirable & nouvelle
J'ay rencontré dans mon travail
La Medecine univerſelle.

Les Harlequins.

De ce proſne Meſſieurs ne doutez nullement,
C'eſt un grand diſcoureur, mais habile à merveille,
A ſon addreſſe auſſi fort peu d'autre eſt pareille,
On ne peut mieux agir ny plus habilement.
Mais comme il dit que la CHIMIE
Fut de tout temps ſa chere Amie
Elle luy fut aſſez chere en effect ;
Elle a ſouvent vuidé ſa bource,
Et s'il n'euſt eu quelque reſſource,
Comme la Danſe & le Ballet,
Du bon Seigneur c'en eſtoit fait
Avec ſes belles Cognoiſſances ;
Et comme ce Meſtier à la bource eſt fatal,
Tant de ſortes d'Experiences
Qui luy faiſoyent mille dépences
L'alloyent mener en fin tout droit à l'hoſpital.

XVII. ENTRE'E.

Meſſieurs de Languevelt & Dorp,

Repreſentans 2 GARÇONS de CABARET.

NOs Voeux en fin ſont ſatisfaits
On va par tout faire grand Chere,
Et le retour de cette heureuſe PAIX

Nous

Nous va donner beaucoup à faire :
Tous les plaisirs vont revenir
Chacun voudra se rejouïr
Et du meilleur faire Carrousses ;
Pour reveiller les mauvais gouts
Nous trouverons mille ragouts
Qui leur feront manger leur poures.
Que si dans la chaleur de tous ces bons repas
Il s'excitoit quelques combats ,
Ils ne seront qu'à coups de verre ;
Et dans tous ces plaisans fracas
Si quelques-uns tombent par terre ,
Pour le moins n'en mourront-ils pas .

XVIII. ENTRE'E.

Pour le Prince d'Orange, & Monsieur
de Zuylesteyn le Fils,

Representans

2. PAYSANNES.

ET

Messieurs de Matenesse & Valckenbourg,

2. PAYSANS de Nort-Hollande.

Pour les Paysannes.

Regardez bien ces jeunes Villageoises
Peut on rien voir de plus Galand?

Elles

Elles font douces & courtoifes
Bien dur auffi qui ne s'y prend :
Tousjours de la Gayté, jamais d'inquietudes
Se riant des fauffes rigueurs
Que l'on voit affecter à ces timides Prudes
Que nous voyons dans des langueurs
Pour nous avoir efté trop rudes.
Elles fçavent bien mieux ufer de leurs appas ;
Et quoy que d'ordinaire
Toutes ne facent pas
Tout le chemin qu'on pourroit faire ;
On en tire tousjours quelque faveur legere
Et l'on n'y perd jamais fes pas.
Mefme je tiens que ces deux Belles
Ne feroyent pas des plus cruelles,
Et foit dit fans les offencer ;
Car à leur mine on peut penfer
Que toutes deux enfin ne font pas trop pucelles.

Pour les Payfans.

Voyez ces Payfans fameux
Dont tous les autres de la Terre
Soit en paix foit en guerre
Ont fujet d'envier le Deftin bien heureux :
Ils ont des biens en abondance
Dans leur débit force prudence,
A leur œconomie on ne voit rien d'égal ;
Nul defordre jamais ne trouble leur ménages,
Pour le fuir feulement ils cognoiffent le mal,
Et la Nature enfin les fait prefque tous fages.

XIX. ENTRE'E.

Meſſieurs d'Ouerkercke , &
de Gent le Fils,

Repreſentans

2. BALLADINS.

AUX DAMES.

Les plaiſirs en fin de retour
Vont remettre en credit les feſtes & les dances,
Et nous allons à noſtre tour
Pour vous bien divertir faire nos diligences :
Cependant ô Beautez dont les charmans appas
Excitent dans nos cœurs cette agreable envie ,
A voir la force de nos pas
On doit bien preſumer que dans tous les ébats
Ou la jeuneſſe nous convie ,
Nous ferions un peu plus que d'autres ne font pas.

XX. EN-

Meſſieurs de Languevelt, Dorp,
Lier, & Du Ha le jeune,

Repreſentans

4. MARCHANS.

Noſtre Negoce en fin va refleurir
On va revoir par tout un commerce agreable,
Et par l'heureuſe PAIX qui nous vient ſecourir
Tout le paſſé nous devient ſupportable,
Et ſe doit effacer de noſtre ſouvenir :
Oublions donc toutes nos pertes,
Elles ſeront bien recouvertes
Par mille gains qu'on ne pourra compter ;
Gardons nous cependant de nouvelles ſurpriſes,
Nous remarquons icy des yeux à redouter
Qui pourroyent en vouloir à toutes nos franchiſes :
Mais pour nous conſoler d'un auſſi méchant tour,
Si ces beaux yeux vouloyent, nous leur pourrions un jour
Eſtaler à l'envy toutes nos Marchandiſes.

XXI. EN.

XXI. ENTRE'E.

Monſieur d'Obdam.

Repreſentant un

CAPITAINE d'EGYPTIENS.

ET

Les Sieurs du Pont, la Foſſe, Riquet
& Hoctin,

2. EGYPTIENS & 2. EGYPTIENNES.

Le Capitaine.

Maintenant que la P A I X regne ſur cette Terre
Allons, remettons nous aux Champs
C'eſt icy noſtre temps ;
Mais lors que vous ſerez à la petite guerre
Gardez vous Compagnons d'aucuns traits inſolens :
Nos entrepriſes ſont diſcrettes
Il les faut ſeures & ſecrettes,
Les déguiſer tousjours de quelques agrémens,
Sarabandes & Caſtagnettes,
Toucher par fois des Inſtrumens ;
Faire qu'on nous déſire encor que l'on nous craigne ,
Et ſur tous les Evenemens
Tenir tousjours la prudence en haleine.
Ainſi quand on a fait ſon Cours
Dans une ſi fameuſe Ecole
Et qu'on a bien joüé ſon roole

Sur

Sur mille fortes de bons tours;
Dequoy ne feroit on capable
Et pour la Guerre & pour la Paix?
Rien ne nous femble redoutable
Et fur le champ nous faifons nos projets.

Les Egyptiens.

Cher Capitaine affeurez-vous
Vous ferez fort content de nous,
Bien fat qui fe lairra furprendre;
Mais s'il arrive par mal-heur
Que l'un de nous trop facile a s'éprendre
S'attache un jour á s'introduire au cœur
De quelque Objet aymable & tendre
Qu'il pourroit mettre en belle humeur:
Nous vous déclarons par avance
Et le difons icy tout net,
Nous mourrons tous pour fa deffence
S'il eftoit en peril pour avoir fi peu fait;
Car apres tout la faute eft fort legere
Quand on veut bien nous laiffer faire.

Les Egyptiennes.

Nous ne fommes Blanches ny Blondes
Nous le voyons fans murmurer,
Car il s'eft veu fouvent pareilles Vagabondes
Par d'autres agrémens fe faire défirer:
Nous avons certaines Methodes

Ou les Gallands les moins commodes
Mesme les plus incommodez,
Peuvent trouver à prendre leurs revanches,
Et qui des Blondes ny des Blanches
Ne se seroyent jamais si bien accommodez.

XXII. ENTRE'E.

Monsieur de la Lec, &

le Sieur Du Ha,

Representans

2. S V I S S E S.

CAmarade il suffit quittons un peu le verre,
Pour estre des plus forts, & des mieux aguerris
Il s'en faut peu que nous ne soyons pris,
Et que ces derniers coups ne nous portent par terre :
Ne beuvons plus si goulument,
Ne perdons point le jugement,
Gardons tousjours quelque mesure
Et ne nous achevons jamais ;
Pourveu que ce bon temps nous dure
Nous pourrons bien encor boire à la bonne PAIX.

Pour Monsieur de la Lec.

Regardez'de quel air ce Suiſſe ſe comporte,
Son vin n'eſt il pas fort diſcret?
Il n'entre point dans ſon ſecret
Dont il ſçait bien garder la porte :
Il eſt ſoigneux, il eſt prudent
Dans ſon devoir ferme & conſtant
On n'y remarque aucune impatience,
Il ſçait regler tous ſes deſirs;
Et par ſa propre Experience,
Il trouve le ſecret d'allonger ſes plaiſirs.

Suit le Grand Ballet.